Patrimônio histórico
e cultural

Coleção **PASSO-A-PASSO**

CIÊNCIAS SOCIAIS PASSO-A-PASSO
Direção: Celso Castro

FILOSOFIA PASSO-A-PASSO
Direção: Denis L. Rosenfield

PSICANÁLISE PASSO-A-PASSO
Direção: Marco Antonio Coutinho Jorge

Ver lista de títulos no final do volume

Pedro Paulo Funari
Sandra de Cássia Araújo Pelegrini

Patrimônio histórico e cultural

3ª reimpressão

ZAHAR

Jorge Zahar Editor Ltda.
rua Marquês de S. Vicente 99 – 1º
22451-041 Rio de Janeiro, RJ
tel. (21) 2529-4750 / fax (21) 2529-4787
editora@zahar.com.br
www.zahar.com.br

Grafia atualizada respeitando o novo
Acordo Ortográfico da Língua Portuguesa

3ª reimpressão: 2014

Composição: TopTextos Edições Gráficas Ltda.
Capa: Sérgio Campante

CIP-Brasil. Catalogação na fonte
Sindicato Nacional dos Editores de Livros, RJ

Funari, Pedro Paulo Abreu, 1959-
F977p Patrimônio histórico e cultural / Pedro Paulo Funari, Sandra de Cássia Araújo Pelegrini. — Rio de Janeiro: Zahar, 2006.
(Ciências sociais passo-a-passo)

Inclui bibliografia
ISBN 978-85-7110-927-8

1. Patrimônio cultural. – Proteção. 2. Conservação histórica. I. Pelegrini, Sandra de Cássia Araújo, 1962-. II. Título. III. Série.

CDD: 363.69
09-5555 CDU: 351.853

Sumário

Introdução 7

O patrimônio, do indivíduo à coletividade 8

A trajetória do patrimônio no contexto mundial 10

A preservação do patrimônio cultural na América Latina 29

Políticas patrimoniais no Brasil: impasses e realizações 43

A gestão do patrimônio cultural no limiar do século XXI 56

Referências e fontes 61

Leituras recomendadas 67

Agradecimentos 70

Sobre os autores 71

Introdução

Quando se comemorou, se assim podemos dizer, o quinto centenário da chegada de Cabral ao Brasil, em 2000, o jurista Joaquim Falcão constatou, com tristeza, que "patrimônio histórico virou sinônimo de igrejas barrocas, palácios e casas-grandes". Tal queixa implicava que os indígenas, além dos africanos e de tudo que se refere à vida cotidiana, não eram associados, por nós, ao patrimônio. Como consequência, patrimônio histórico parecia ser algo distante, alheio, velho.

Essas primeiras impressões podem ser contrastadas com o empenho das comunidades em preservar e usar aquilo que consideram seu patrimônio. Em várias partes do país, entidades civis mobilizam-se para se apropriar dos seus bens culturais. Em cidades como Santana do Parnaíba e São Sebastião, entre outras, surgem projetos de preservação patrimonial que contam com a participação de crianças das comunidades locais. Como chegamos a essa situação aparentemente contraditória? Quais as perspectivas do patrimônio em nosso país? Essas são algumas das perguntas que este volume pretende discutir. Para isso, começaremos pelos conceitos básicos e pelas origens históricas do patrimônio, tanto no contexto mundial como no Brasil. Pretendemos que, ao final, o leitor não apenas entenda melhor as discussões e práticas referentes ao patrimônio como possa, individual ou coletivamente, contribuir para uma ação patrimonial em benefício de todos.

O patrimônio, do indivíduo à coletividade

Hoje, quando falamos em patrimônio, duas ideias diferentes, mas relacionadas, vêm à nossa mente. Em primeiro lugar, pensamos nos bens que transmitimos aos nossos herdeiros — e que podem ser materiais, como uma casa ou uma joia, com valor monetário determinado pelo mercado. Legamos, também, bens materiais de pouco valor comercial, mas de grande significado emocional, como uma foto, um livro autografado ou uma imagem religiosa do nosso altar doméstico. Tudo isso pode ser mencionado em um testamento e constitui o patrimônio de um indivíduo.

A esse sentido legal do termo, devemos acrescentar outro, não menos importante: o patrimônio espiritual. Quando pensamos no que recebemos de nossos antepassados, lembramo-nos não apenas dos bens materiais, mas também da infinidade de ensinamentos e lições de vida que eles nos deixaram. A maneira de fazer nhoques — que não se resume à receita, guardada com cuidado no caderno com a letra da nossa querida mãe ou avó —, o modo como sambamos (algo que nunca estará em um caderninho!), os ditados e provérbios que sabemos de cor e que nos guiam por toda a vida são exemplos de um patrimônio imaterial inestimável. Que leitor não poderá arrolar uma série de outros?

Até agora, tratamos do patrimônio como algo individual, de cada um de nós, mas, a partir de nossas percepções e sentimentos, podemos entender o uso do mesmo termo para se referir àquilo que é coletivo. Há uma diferença essencial, contudo. O patrimônio individual depende de nós, que decidimos o que nos interessa. Já o coletivo é sempre algo mais distante, pois é definido e determinado por outras pessoas, mesmo quando essa coletividade nos é próxima. Se dez pessoas diferentes forem listar o patrimônio de seu condomínio ou de seu bairro, chegarão a listas muito díspares. A associação de moradores pode determinar que constituem o patrimônio comum, por exemplo, uma árvore e o hino do bairro (isso existe!). Se é assim em uma comunidade pequena, tanto maior será a distância entre o indivíduo e as grandes coletividades, como o município, o estado, a nação ou a humanidade como um todo. Para entender o patrimônio coletivo, é necessário, antes, refletirmos sobre a própria vida coletiva.

A coletividade e o patrimônio. A coletividade não é uma simples soma de indivíduos, assim como o todo não é uma mera junção das partes, como afirmou, há 2.500 anos, o filósofo grego Platão. Podemos lembrar também o que diz outro pensador antigo, Aristóteles, ao assinalar que as palavras não são apenas a junção de letras, como um animal não é a soma de órgãos. As coletividades são constituídas por grupos diversos, em constante mutação, com interesses distintos e, não raro, conflitantes. Uma mesma pessoa pode pertencer a diversos grupos e, no decorrer do tempo, mudar para outros. Passamos, assim, por grupos de faixa etária: crianças, adolescentes, adultos, idosos. Passamos ainda de estudantes a profissionais, e, em seguida, a aposentados. São, portanto, inúmeras as coletividades que convivem em constante interação e mudança.

Inevitavelmente, essa diversidade leva à multiplicidade de pontos de vista, de interesses e de ações no mundo. Como diziam os latinos, cada cabeça, uma sentença. As opiniões, por sua vez, resultam da diversidade de interesses, dos benefícios que se espera obter. Foram ainda os romanos a cunhar uma expressão que explica bem essa diversidade de interesses: *cui bono*, quem se beneficia? Os interesses sociais de governantes e governados, de homens e mulheres, crianças e adultos, cristãos e muçulmanos nem sempre são convergentes. O que para uns é patrimônio, para outros não é. Além disso, os valores sociais mudam com o tempo. Por tudo isso, convém analisar como o patrimônio foi visto ao longo dos tempos e dos grupos sociais.

A trajetória do patrimônio no contexto mundial

As origens. Patrimônio é uma palavra de origem latina, *patrimonium*, que se referia, entre os antigos romanos, a tudo o que pertencia ao pai, *pater* ou *pater familias*, pai de família.

A semelhança dos termos — *pater*, *patrimonium*, *familia* — porém, esconde diferenças profundas nos significados, já que a sociedade romana era diversa da nossa. A *familia* compreendia tudo que estava sob domínio do senhor, inclusive a mulher e os filhos, mas também os escravos, os bens móveis e imóveis, até mesmo os animais. Isso tudo era o *patrimonium*, tudo que podia ser legado por testamento, sem excetuar, portanto, as próprias pessoas.

O conceito de patrimônio, surgido no âmbito privado do direito de propriedade, estava intimamente ligado aos pontos de vista e interesses aristocráticos. Entre os romanos, a maioria da população não era proprietária, não possuía escravos; logo, não era possuidora de *patrimonium*. O patrimônio era um valor aristocrático e privado, referente à transmissão de bens no seio da elite patriarcal romana. Não havia o conceito de patrimônio público. Ao contrário, o Estado era apropriado pelos pais de família. Nesse contexto, pode-se compreender que os magistrados romanos colecionassem esculturas gregas em suas casas. O patrimônio era patriarcal, individual e privativo da aristocracia.

Com a difusão do cristianismo e o predomínio da Igreja a partir da Antiguidade tardia (séculos IV-V) e, em especial, na Idade Média (séculos VI-XV), ao caráter aristocrático do patrimônio acrescentou-se outro, simbólico e coletivo: o religioso. Ainda que o caráter aristocrático tenha se mantido, elevaram-se à categoria de valores sociais compartilhados os sentimentos religiosos, em uma pletora de formas materiais e espirituais. O culto aos santos e a valorização das relíquias deram às pessoas comuns um sentido de patrimônio muito próprio e que, como veremos, de certa forma permanece entre nós: a valorização tanto dos lugares e objetos como dos rituais coletivos. Essas leituras e interpretações populares não deixavam de se ligar às concepções aristocráticas, mas, de certo modo, fugiam do seu controle. A reação das elites não tardaria, e veio com a monumentalização das igrejas e a criação das catedrais, que passaram a dominar as paisagens do mundo físico e espiritual. No topo de uma elevação, passava a erguer-se a sede da cátedra do bispo, autoridade máxima: a catedral era um patrimônio coletivo, mas aristocrático.

O Renascimento viria a produzir uma mudança de perspectiva, ainda que o caráter aristocrático fosse mantido, se não mesmo reforçado, pelo humanismo nascente. Os homens de então lutaram pelos valores humanos, em substituição ao domínio da religião, e combateram o teocentrismo que prevalecera por longos séculos. Em sua batalha intelectual, mas também prática e política, buscaram inspiração na Antiguidade grega e romana e condenaram seus imediatos antecessores, que teriam vivido um período de trevas, que chamaram de Idade Média, entre a Antiguidade e o Renascimento da glória dos antigos. Idade das Trevas era um termo que exemplificava bem o tom da reação ao domínio das crenças e da nova valorização da cultura antiga.

Mas como chegar aos venerados antigos? Havia duas maneiras principais: lendo obras antigas e colecionando objetos e vestígios da Antiguidade. Com a invenção da imprensa, multiplicaram-se as edições das obras clássicas, na língua original e traduzidas. Em paralelo, os humanistas começaram a se preocupar com a catalogação e coleta de tudo que viesse dos antigos: moedas, inscrições em pedra, vasos de cerâmica, estatuária em mármore e em metal. Vestígios de edifícios também eram medidos, desenhados e estudados com grande dedicação. Esses humanistas, que amavam coisas antigas, fundaram o que viria a se chamar Antiquariado. Isso ocorria não apenas em cidades com grandes monumentos clássicos, como Roma, mas por toda a Europa, até mesmo em cidadezinhas e aldeias onde os antiquários faziam pesquisas com um não disfarçado orgulho local.

Alguns estudiosos enfatizam que o patrimônio moderno deriva, de uma maneira ou de outra, do Antiquariado que, aliás, nunca deixou de existir e continua até hoje, na forma de colecionadores de antiguidades. No entanto, a preocupação com o patrimônio rompe com as próprias bases aristocráticas e privadas do colecionismo, e resulta de uma transformação profunda nas sociedades modernas, com o surgimento dos Estados nacionais.

O Estado nacional e a invenção do patrimônio. Nem sempre existiram nações, os atuais países ou Estados nacionais. É verdade que, já no Antigo Testamento, empregava-se o conceito de nação, como no livro do Gênesis (10, 31-32): "Estes são os filhos de Sem, segundo as suas famílias, e as suas línguas, e as suas regiões, e as suas nações. Estas são as famílias de Noé, segundo os seus povos e as suas nações." Até hoje, *goim*, traduzido acima por "nações", é um termo usado pelos judeus para se referir aos não judeus. Essas nações não são, no entanto, os nossos países modernos. Tampouco o são as chamadas "nações indígenas", termo usado para se referir a tribos. A palavra nação, derivada do latim, vem do verbo nascer e, originalmente, referia-se apenas ao local de nascimento.

Até o século XVIII, na Europa, os Estados eram religiosos e monárquicos, baseados na identificação da nação com a casa real. As monarquias eram de direito divino e os reinóis não eram cidadãos de um país, mas súditos de um reino. O reino espanhol é um bom exemplo dessa realidade. Era composto por diversas regiões tradicionais, na própria Península Ibérica, cada uma com suas línguas e instituições, chamadas de foros. Faziam parte do reino, ainda, áreas fora da Península, como parte do continente americano, cujos povos falavam outras tantas línguas e possuíam tradições próprias, indígenas. Todos eram súditos do reino e deviam fidelidade ao rei, soberano por direito divino, legitimado pela Igreja Católica.

Esses súditos não falavam a mesma língua, não possuíam tradições comuns, nem eram iguais uns aos outros. Uns eram nobres, outros plebeus; uns colonos, outros nativos; uns clérigos, outros fidalgos. Cada caso tinha suas particularidades, mas essa situação ocorria em toda a Europa, como no Império Austro-Húngaro, na França ou na Inglaterra, cujos povos eram heterogêneos e cujas tradições, as mais variadas. Havia ainda muitas unidades menores, como as cidades italianas ou germânicas, que também eram compostas por pessoas com direitos diferenciados.

E o patrimônio? Em tais sociedades, ele não era algo público e compartilhado, mas privado e aristocrático, na forma de coleções de antiguidades, como no famoso caso do imenso acervo dos papas que, hoje, está no museu do Vaticano. O surgimento dos Estados nacionais era o que faltava para desencadear uma transformação radical no conceito de patrimônio.

O melhor exemplo de criação do Estado nacional moderno talvez seja a França, a partir da revolução de 1789. Não por acaso, como veremos, foi lá que se desenvolveu o moderno conceito de patrimônio. A França era um reino de direito divino, conhecida como Filha Primogênita da Igreja, por sua ligação com a hierarquia católica. Desde seu início, o reino dos francos baseava-se na sua legitimação pela Igreja, com o ápice da canonização do rei, são Luís. No reino, falavam-se diversas línguas e os súditos espalhavam-se não apenas pela Europa, mas também pela América, como até hoje o atesta a província de Quebec, no Canadá. A realeza era de origem germânica; os francos eram de origem variada, gaulesa e romana. Havia uma pletora de estatutos jurídicos que separavam os súditos.

A Revolução Francesa viria a destruir os fundamentos do antigo reino. Ao acabar com o rei, toda a estrutura do Estado perdia sua razão de ser. A República criava a igualdade, refletida na cidadania dos homens adultos. E precisava criar os cidadãos, fornecer meios para que compartilhassem valores e costumes, para que pudessem se comunicar entre si, para que tivessem um solo e uma origem supostamente comuns. Por meio da escola, foi possível, aos poucos, difundir a língua nacional, o francês, que antes era falado apenas pelas elites. Com a língua, o povo aprendia também que tinha uma origem comum: os gauleses — já não fazia sentido enfatizar os germânicos francos, nem tampouco os romanos; e que habitava um território delimitado, o hexágono, nome que passou a ser sinônimo do país. Já antes da Revolução Francesa, em 1763, o território do que viria a ser o Canadá é cedido aos britânicos, e Napoleão consolida a nova política de um Estado nacional no hexágono do continente europeu com a venda do restante das possessões francesas na América do Norte em 1803, quando os Estados Unidos compram a Luisiana por 15 milhões de dólares.

O Estado nacional surgiu, portanto, a partir da invenção de um conjunto de cidadãos que deveriam compartilhar uma língua e uma cultura, uma origem e um território. Para isso, foram necessárias políticas educacionais que difundissem, já entre as crianças, a ideia de pertencimento a uma nação. Os estudiosos modernos chamaram isso de introjeção ou doutrinação interior, que visava a imbuir o jovem, desde cedo, de sentimentos e conceitos que passavam a fazer parte de sua compreensão de mundo, como se tudo fosse dado pela própria natureza das coisas. Um sociólogo de nossa época, o francês Pierre Bourdieu, usou a palavra *habitus* para se referir a essa naturalização inconsciente que, no contexto dos Estados nacionais, depende de mecanismos de reprodução social, como a escola. Vários outros pensadores modernos, como Gilles Deleuze e Michel Foucault, ressaltaram o papel da escola na difusão e aceitação dos conceitos sociais.

Os novos Estados nacionais tiveram como tarefa primeira inventar os cidadãos. Em relação a isso, há uma frase famosa que vale a pena recordar. Logo após a unificação italiana, em meados do século XIX, menos de 5% da população da Península Itálica falava ou entendia o italiano. O líder da unificação, Massimo D'Azeglio, constatou que "feita a Itália, é preciso fazer os italianos". Talvez a Itália seja um caso mais claro devido à sua unificação tardia, mas o exemplo marca bem a importância da invenção de uma cultura nacional que não podia prescindir de suas bases materiais, seu patrimônio nacional. Assim começa a surgir o conceito de patrimônio que temos hoje, não mais no âmbito privado ou religioso das tradições antigas e medievais, mas de todo um povo, com uma única língua, origem e território.

O patrimônio em duas tradições do direito. Os modernos Estados nacionais surgiram a partir de dois grandes sistemas jurídicos, cujas características são importantes para entendermos as diferenças que, até hoje, subsistem entre as concepções oriundas do direito romano ou civil e do direito consuetudinário, anglo-saxão. Os Estados nacionais surgiram tanto em regiões de tradição latina — tributária da tradição do direito romano — como em países de tradição britânica, com base no chamado *common law.* O conceito de propriedade difere bastante nessas duas tradições jurídicas, o que tem repercussão direta nas definições do patrimônio pelo Estado nacional.

A tradição latina considera a propriedade privada sujeita a restrições, derivadas dos direitos dos outros ou da coletividade em geral. Talvez o melhor exemplo dessa limitação seja o chamado direito de servidão, que provém do direito romano, mas que está presente nos direitos nacionais de origem latina, como no caso do Brasil. Basta um exemplo para entender do que se trata. Se dois edifícios são contíguos e um deles só pode ter acesso à rua por uma passagem através do outro, essa passagem é uma servidão imposta ao edifício que está defronte à rua. Isso se aplica tanto à passagem de uma casa de fundos como à sua tubulação de água, esgoto ou dutos de eletricidade. Há, portanto, uma limitação à propriedade.

Já no direito consuetudinário anglo-saxão, a limitação ao direito de propriedade é, em geral, muito mais tênue, o que permitiu, por exemplo, o cercamento das propriedades rurais na Inglaterra, no século XVIII. Os antigos acessos e caminhos usados pelos camponeses foram fechados, contribuindo com a migração para as cidades e a formação da mão-de-obra industrial.

Na mesma linha de raciocínio, os bens achados em propriedades privadas, segundo o direito consuetudinário, são de seu proprietário e podem ser vendidos. Isso vale tanto para o petróleo como para vestígios históricos. Já na tradição do direito romano, tais bens são considerados públicos e não podem ser usados pelos particulares a seu bel-prazer.

Essas duas tradições legais diversas levaram a duas concepções diferentes do patrimônio, uma mais voltada para a proteção dos direitos privados e outra mais atenta ao Estado nacional. Essas diferenças entram em confronto quando o patrimônio deixa de restringir-se ao âmbito nacional, a partir da segunda metade do século XX. Antes disso, convém retomarmos a narrativa do patrimônio nacional.

O nacionalismo e o patrimônio. Em plena Revolução Francesa, em meio às violências e lutas civis, criava-se uma comissão encarregada da preservação dos monumentos nacionais. O objetivo era proteger os monumentos que representavam a incipiente nação francesa e sua cultura. A legislação protetora do patrimônio nacional francês tardaria ainda muitas décadas, pois a primeira lei é de 1887, tendo sido complementada por uma legislação mais ampla em 1906, já em pleno século XX. Essas e outras disposições legais, na França, voltavam-se para a limitação dos direitos de propriedade privada, em benefício do patrimônio nacional, de acordo com a tradição do direito romano. Em outros países de tradição latina, a trajetória é semelhante, como no caso do Brasil, conforme veremos adiante em mais detalhe.

Nos países de direito consuetudinário, a proteção do patrimônio nacional deu-se no contexto limitado das propriedades públicas. O melhor exemplo, provavelmente, é o dos Estados Unidos. A primeira lei patrimonial, o Antiquities Act, de 1906 — mesmo ano da lei francesa — restringia-se a proteger bens culturais de interesse da nação que estivessem em terras de propriedade ou controle do governo. Em 1935, o Historic Sites Act viria a complementar o anterior, no mesmo espírito, com ênfase na compilação de catálogos de bens de interesse histórico.

Em ambas as tradições, contudo, há diversos traços comuns que devem ser ressaltados. Em primeiro lugar, o patrimônio é entendido como um bem material concreto, um monumento, um edifício, assim como objetos de alto valor material e simbólico para a nação. Parte-se do pressuposto de que há valores comuns, compartilhados por todos, que se consubstanciam em coisas concretas. Em segundo lugar, aquilo que é determinado como patrimônio é o excepcional, o belo, o exemplar, o que representa a nacionalidade. Uma terceira característica é a criação de instituições patrimoniais, além de uma legislação específica. Criam-se serviços de proteção do patrimônio, como museus, formando uma administração patrimonial. Essa burocracia foi composta por profissionais de diversas formações e especialidades, principalmente arquitetos, historiadores da arte, historiadores, arqueólogos, geógrafos, antropólogos e sociólogos, entre outros.

A ênfase no patrimônio nacional atinge seu ápice no período que vai de 1914 a 1945, quando duas guerras mundiais eclodem sob o impulso dos nacionalismos. Alguns exemplos extremos mostram como mesmo os vestígios mais distantes, no tempo e no espaço, podiam ser lidos como parte da construção da nacionalidade. Assim, os italianos usavam os vestígios dos romanos para construírem uma identidade calcada nesse patrimônio, restaurado, glorificado, exaltado como exemplo do domínio do mundo pelos romanos e seus herdeiros, os italianos. Não foi à toa que o nacionalismo italiano usava símbolos materiais do poder romano, como o feixe, do qual deriva o próprio nome do movimento nacionalista, o fascismo.

Na Alemanha nazista, da mesma maneira, usavam-se vestígios dos germanos, considerados antepassados dos alemães, encontrados em território de outros países, como a Polônia, para justificar reivindicações territoriais e invasões militares. Por outro lado, os vestígios materiais dos antigos gregos também foram apropriados pelo nacionalismo alemão, como se esses fossem seus verdadeiros antepassados, com sua arte e seu suposto culto à ordem e ao poderio militar. Mesmo em países democráticos os vestígios de povos distantes no tempo e no espaço eram tomados como parte do patrimônio nacional. A Inglaterra, por exemplo, considerava-se a verdadeira herdeira de antigas civilizações, como a mesopotâmica, a egípcia e a romana.

O patrimônio mundial e a diversidade. O nacionalismo, associado ao imperialismo, seria superado com o fim da Segunda Guerra Mundial e a criação da ONU, a Organização das Nações Unidas, e da Unesco, a Organização das Nações Unidas para a Educação, a Ciência e a Cultura, ambas em 1945. Embora desde 1937, sob a égide da antiga Sociedade das Nações, a Conferência de Atenas tenha defendido a salvaguarda do patrimônio cultural da humanidade, apenas no novo contexto pós-guerra se desenvolveram abordagens mais abrangentes e menos restritivas de cultura. O fim do conflito armado e a derrota dos nacionalismos fascistas na Alemanha, Itália e Japão colocaram em xeque as interpretações nacionalistas e racistas do passado. O fato de que os campos de concentração nazistas destinavam-se à destruição de povos inteiros foi reconhecido como genocídio. À luz do horror do Holocausto, os conceitos racistas, que antes passavam por aceitáveis mesmo nos países democráticos, como a Inglaterra e os Estados Unidos, foram condenados de forma clara e explícita. Da mesma forma, o nacionalismo imperialista saiu do conflito muito malvisto, o que se refletiu de imediato nas potências imperialistas democráticas, como a Grã-Bretanha, que tinha impérios coloniais que aplicava, em seus protetorados, uma política racista.

O fim da guerra foi, portanto, um marco essencial que trouxe novos agentes sociais, com interesses diversos, para o centro da ação social e política. Os povos colonizados intensificaram a luta contra as potências coloniais e obtiveram resultados positivos, como no caso pioneiro da Índia, independente em 1947. Estado multiétnico e democrático, a Índia representava a inclusão de novos agentes sociais no cenário internacional e era um sinal claro da falência dos modelos nacionalistas que enfatizavam um patrimônio homogêneo. A consolidação do poderio soviético na Europa Oriental, com o regime de partido único, também contribuiu para reforçar, nos países ocidentais, a importância da diversidade no interior das sociedades — contrastava-se a variedade nos países capitalistas com os aspectos monolíticos do socialismo real.

Nos países capitalistas desenvolvidos, o pós-guerra foi caracterizado pelo crescente desenvolvimento de movimentos sociais, em prol dos direitos civis, da emancipação feminina, do reconhecimento da diversidade em vários níveis e aspectos. Esses movimentos demonstravam, a um só tempo, a existência de diversos grupos e interesses sociais e como essa variedade podia gerar conflitos sociais no interior dos países. A ideia de unidade nacional, uma só língua, cultura, origem e território, na base da concepção do patrimônio nacional, era minada no cotidiano das lutas sociais. Os movimentos em defesa do meio ambiente também foram importantes para a ampliação da noção de patrimônio, para que incluísse não apenas a cultura, mas também a natureza. A explosão da definição ampliou os horizontes sociais e legais. Já no fim da década de 1950, a legislação de proteção do patrimônio ampliava-se para o meio ambiente e para os grupos sociais e locais, antes preteridos em benefício da nacionalidade.

Em termos internacionais, as diferentes nações interagiam mais do que nunca, o que também contribuiu para a dissolução dos conceitos nacionalistas, apesar de os órgãos internacionais, como a ONU e a Unesco, serem aglomerados de Estados nacionais e defenderem, em muitos casos, a nação como uma suposta unidade, sem contrastes internos. De toda forma, a convivência levou à eleição da diversidade, humana e ambiental, como valor universal a ser promovido. Por esse mesmo princípio, nos diversos Estados nacionais, surgiram gradativamente possibilidades de uma ampla variedade de âmbitos patrimoniais, para além do nacional. Patrimônios de valor provincial ou municipal, mas também de comunidades, como os indígenas ou as mulheres, de grupos religiosos ou esportivos. Essa multiplicação patrimonial ocorreu em conjunto com a crescente participação das próprias pessoas na gestão dos bens patrimoniais, culturais e ambientais, que deixaram de ser apenas preocupação da administração pública nacional.

Essas modificações no interior das sociedades produziram alterações nos modelos interpretativos e nas propostas de ação prática. Os padrões antes predominantes enfatizavam o respeito às normas sociais por todos os membros da sociedade. Tudo que se afastasse disso era interpretado como desvio que devia ser coibido. Esses padrões foram sendo criticados, tanto em termos empíricos como teóricos. As pesquisas de campo mostravam que as pessoas tinham os mais variados interesses sociais e que os conflitos resultantes — como a luta pelos direitos civis, contra o racismo, pela igualdade sexual — não eram um desvio, mas uma consequência das próprias situações sociais. Para explicar essa diversidade, surgiram vários questionamentos aos modelos interpretativos normativos, que enfatizavam a homogeneidade social e a aceitação de regras ou normas gerais. As sociedades foram, cada vez mais, interpretadas como compostas por diversos grupos sociais, eles próprios fluidos e em constante mutação, com interesses possivelmente conflitantes.

Como consequência, os próprios conceitos de ambiente e cultura sofreram alterações. O meio ambiente e a cultura foram, muitas vezes, valorizados por seu caráter único e excepcional. Com o despertar para a importância da diversidade, já não fazia sentido valorizar apenas, e de forma isolada, o mais belo, o mais precioso ou o mais raro. Ao contrário, a noção de preservação passava a incorporar um conjunto de bens que se repetem, que são, em certo sentido, comuns, mas sem os quais não pode existir o excepcional. É nesse contexto que se desenvolve a noção de imaterialidade do patrimônio. Uma paisagem não é apenas um conjunto de árvores, montanhas e riachos, mas sim uma apropriação humana dessa materialidade. Assim, compõem o patrimônio cultural não apenas as fantasias de carnaval, como também as melodias, os ritmos e o modo de sambar, que são bens imateriais.

A Unesco e o Patrimônio cultural da Humanidade. A primeira convenção referente ao patrimônio mundial, cultural e natural foi adotada pela conferência geral da Unesco em 1972. A partir do reconhecimento da importância da diversidade, a grande novidade consistiu em considerar que os sítios declarados como patrimônio da humanidade pertenciam a todos os povos do mundo. Segundo essa convenção, subscrita por mais de 150 países, o patrimônio da humanidade compõe-se de:

- Monumentos: obras arquitetônicas, esculturas, pinturas, vestígios arqueológicos, inscrições, cavernas;
- Conjuntos: grupos de construções;
- Sítios: obras humanas e naturais de valor histórico, estético, etnológico ou científico;
- Monumentos naturais: formações físicas e biológicas;
- Formações geológicas ou fisiográficas: *habitat* de espécies animais e vegetais ameaçadas de extinção;
- Sítios naturais: áreas de valor científico ou de beleza natural.

A Unesco lançou diversas campanhas internacionais para a salvaguarda do patrimônio cultural, a maioria na

Ásia e nos países árabes, mas também em outras áreas, inclusive uma no Brasil, Argentina e Paraguai, em 1988, para proteger as missões jesuíticas. Uma de suas preocupações é a catalogação de mais de duas dezenas de sítios patrimoniais da humanidade ameaçados; uma convenção de 1970 trata do tráfico ilícito de bens culturais. O órgão tem atuado também na formação de pessoal e em programas de ensino médio, e exortado os países para que as populações locais sejam estreitamente associadas à planificação e às ações concretas de salvaguarda.

A chancela da Unesco dá aos sítios um emblema de patrimônio mundial que constitui um atrativo cultural e econômico, tanto para as regiões e países em que os sítios se localizam como para o importante fluxo de turismo cultural e ecológico. O turismo cultural é um dos principais subprodutos da classificação de um sítio como patrimônio da humanidade.

A Unesco, contudo, não deixa de ser afetada, como organização, por duas características. Em primeiro lugar, cada Estado nacional membro representa o seu país, e muitas vezes, por diversos motivos, não reconhece a diversidade cultural de outro. Nesses casos, a Unesco não tem como intervir. É verdade, contudo, que mesmo nessas situações minorias ou grupos podem valer-se do órgão e de cartas assinadas pelos Estados membros como meio de pressão para obter o reconhecimento de seu patrimônio.

Uma segunda característica da organização consiste no predomínio do interesse das potências econômicas e na valorização do patrimônio ligado às elites, em geral, e à

Europa, em particular. Isso significa que as grandes civilizações do passado recebem mais atenção do que as sociedades que não dominaram outros povos nem deixaram construções monumentais. Essa visão vem mudando, principalmente nas duas últimas décadas, com o crescente reconhecimento do valor da diversidade humana em qualquer situação, não apenas no campo da potência militar e material.

O predomínio da Europa pode ser percebido pelo fato de que mais da metade dos sítios listados pela Unesco está naquele continente. Sessenta por cento deles se localizam na Europa e na América do Norte, número que aumenta se adicionarmos parte dos bens da América Latina referentes aos valores culturais introduzidos pelos europeus. A África não árabe conta apenas com cerca de 4%. Outra distorção refere-se ao predomínio de sítios culturais, que chegam a 75%, contra 20% de patrimônios naturais. Henry Cleere, dirigente do Conselho Internacional de Sítios e Museus (Icomos), afirmou, há alguns anos, que a universalidade do patrimônio estava sendo reconhecida de forma crescente pela Unesco, mas isso não tem se confirmado na prática. Ainda predominam nas propostas de inclusão, ano a ano, sítios da Europa e da América do Norte (Estados Unidos e Canadá).

Os desafios do patrimônio na era digital e a convenção sobre a diversidade cultural da Unesco. A ampliação do conceito de patrimônio não poderia deixar de abranger uma imensa área de bens, que se tornou muito ampla em nossa época: o mundo digital. Nas últimas décadas, os meios digitais e eletrônicos passaram a representar um imenso manancial de criação humana. A correspondência eletrônica (e-mail), a arte no meio digital, os processos administrativos e de armazenamento de informações concentram-se, cada vez mais, em meios informáticos. Nunca se produziu tanto como agora, quando dispomos dos meios digitais. No entanto, a preservação desse patrimônio constitui um desafio proporcionalmente grande. Os meios de preservação digital ainda são frágeis, e os procedimentos técnicos de migração de informação de um meio tecnológico para outro, mais moderno, não deixam de apresentar problemas. Em todo o mundo, surgem organizações voltadas para o estudo de como preservar esse importante patrimônio para as gerações futuras.

Nesse contexto, foi aprovada pela Unesco, em 2005, uma nova convenção sobre a diversidade cultural. A principal característica da medida consiste na questão com o caráter não comercial dos bens culturais e ambientais da humanidade. Se essa já era uma preocupação em relação ao patrimônio tradicional, na forma de edifícios, artefatos ou mananciais ambientais, ela tornou-se ainda maior com a inclusão dos meios digitais, submetidos às leis de mercado. A pilhagem de navios naufragados — com suas cargas de valor comercial — já alertava para a gravidade do problema da apropriação comercial do patrimônio, já que se perde, nesse caso, todo o contexto que pode dar sentido aos objetos retirados pela pirataria submarina.

A situação tornou-se ainda mais dramática com o patrimônio digital. Como ter acesso e, portanto, preservar patrimônios digitais protegidos por *copyright*? Como garantir que o patrimônio, custodiado por uma empresa que o armazena em forma digital, seja preservado se a firma falir e desaparecer (e, com ela, todo o seu suporte digital)? Esses são alguns dos desafios que enfrentamos para preservar o patrimônio em nossa época, e outros muitos se multiplicam a cada dia, como veremos a seguir.

A preservação do patrimônio cultural na América Latina

A valorização do patrimônio cultural e a necessidade de reabilitar os centros históricos, na atualidade, constituem premissas básicas dos debates sobre o desenvolvimento sustentável nas cidades latino-americanas, pois esses centros representam a síntese da diversidade que caracteriza a própria cidade. Vista por esse ângulo, a reabilitação dos centros históricos, além de potencializar a identidade coletiva dos povos e promover a preservação de seus bens culturais — materiais e imateriais — pode contribuir para o desenvolvimento econômico e social e, ainda, otimizar os custos financeiros e ambientais do desenvolvimento urbano, através do aproveitamento da infraestrutura de áreas centrais e do incremento da indústria turística.

Mas devemos ter em mente que as políticas de preservação do patrimônio cultural nos países da América Latina ainda são muito recentes. Em termos práticos, elas surgiram a partir do momento em que a Unesco reconheceu alguns bens culturais latino-americanos como patrimônio da humanidade. De fato, as políticas sistemáticas de proteção e recuperação de centros históricos são recentes até mesmo na Europa, e adquiriram maior ímpeto a partir das reflexões provocadas pelo desenvolvimento do urbanismo moderno — estudo interdisciplinar da cidade e da questão urbana, que inclui o conjunto de medidas técnicas, administrativas, econômicas e sociais necessárias ao desenvolvimento humano e ao crescimento ordenado da urbe.

As necessidades geradas pelo crescimento industrial e pelo aumento da densidade populacional nas grandes metrópoles, fenômenos observados no decorrer dos séculos XIX e XX, legitimaram as reformas urbanas e o consequente aumento das demolições nas áreas históricas — alvo de acaloradas críticas embasadas nas concepções estético-sociais de William Morris (1834-1896), John Ruskin (1819-1900) e Camilo Sitte (1843-1903). O artesão, poeta e teólogo inglês Morris e o escritor e reformista Ruskin, adversos à forma como as cidades industriais vinham se desenvolvendo, propuseram alternativas idealistas para o crescimento citadino (embora não tivessem formação específica na área de arquitetura e urbanismo). Essas proposições, anos mais tarde, embasaram as origens do chamado urbanismo ecológico e organicista e fundamentaram as teorias modernas de restauro. Camilo Sitte, urbanista austríaco crítico das demolições efetuadas no continente europeu nas décadas finais do século XIX, defendeu a preservação do patrimônio e a construção de cidades modernas sem abrir mão de princípios artísticos. O pensamento combativo e inovador dos referidos personagens contribuiu para deflagrar novas preocupações, que motivaram a organização de eventos internacionais com o intuito de buscar soluções adequadas para os impasses da preservação do patrimônio diante da expansão urbana e industrial.

O impacto da destruição causada pelos bombardeios decorrentes da Segunda Guerra Mundial (1939-1945) catalisou as atenções dos estudiosos, tornando peremptória a reconstrução das cidades e a restauração dos monumentos. Tal desafio contribuiu para a conscientização acerca dos valores identitários dos bairros antigos, como lugares socialmente produzidos, privilegiados pelo acúmulo de experiências humanas e de vestígios da cultura material, resultante da permanente apropriação das coisas do passado.

Mas se considerarmos que todas as dimensões do espaço citadino apresentam marcos da trajetória de uma sociedade, por que privilegiar a preservação de áreas históricas específicas? Diante da complexidade do assunto, percebeu-se que a valorização dos centros históricos não poderia estar dissociada da apreciação do contexto territorial e da paisagem urbana. O amadurecimento dessas e de outras questões, nas últimas décadas do século XX, ocorreu, como bem o lembra Fernando Carrión, simultaneamente à descoberta de novas centralidades e à ampliação da noção de patrimônio histórico para a de patrimônio cultural. A perspectiva reducionista inicial, que reconhecia o patrimônio apenas no âmbito histórico, circunscrito a recortes cronológicos arbitrários e permeados por episódios militares e personagens emblemáticos, acabou sendo, aos poucos, suplantada por uma visão muito mais abrangente. A definição de patrimônio passou a ser pautada pelos referenciais culturais dos povos, pela percepção dos bens culturais nas dimensões testemunhais do cotidiano e das realizações intangíveis.

Sob esse enfoque, o patrimônio e as ações em sua defesa passaram a ser vistos como construções sociais historicamente edificadas, o que corrobora a superação das iniciativas legais restritas apenas à proteção dos bens selecionados segundo rígidos princípios de antiguidade, não raro limitadas à preservação de prédios públicos e religiosos. Essa abertura temática permitiu que construções menos prestigiadas ou mais populares, como moinhos, mercados públicos ou estações de trem, fossem reconhecidas como patrimônio, incluindo-se nesse rol produções contemporâneas e bens culturais de natureza intangível, como expressões, conhecimentos, práticas, representações e técnicas. Por outro lado, alterações nas leituras do patrimônio como monumentos isolados promoveram a valorização da noção de conjunto e a superação de visões da arquitetura como obra de arte independente.

As Cartas Patrimoniais e suas proposições. Diante disso, caberia indagar: essa mudança de escala observada no enfoque do patrimônio contribuiu para que as estratégias de preservação dos bens culturais avançassem? Por certo que sim, pois possibilitou a contextualização estética, social e cultural da obra, consolidou o desenvolvimento da discussão sobre as áreas ao redor do patrimônio edificado e estabeleceu a necessidade de integração dos centros históricos na dinâmica das cidades.

Assim, observamos que, entre as convenções internacionais realizadas ao longo da segunda metade do século XX, acentuaram-se as preocupações com a temática da restauração e com a adoção de normas internacionais de proteção. A Carta de Veneza e a Declaração de Amsterdã, resultantes dos congressos realizados, respectivamente, em 1964 e 1975, imprimiram novos parâmetros de análise à questão do patrimônio, na medida em que propuseram a ampliação do conceito de monumento, recomendando também a preservação de obras consideradas modestas que tenham adquirido significação cultural e a proteção de conjuntos, bairros ou aldeias que apresentem interesse histórico e cultural.

A Declaração de Amsterdã introduziu orientações para viabilizar a implantação de "políticas de conservação integrada", inaugurando uma abordagem pautada pela noção de integração do patrimônio à vida social e conferindo ao poder público municipal a responsabilidade de elaborar programas de conservação e aplicar os recursos financeiros angariados para esses fins. O documento recomendava ainda o envolvimento da população nos processos de preservação, de modo a garantir maior observância dos valores ligados à identidade microlocal e a evitar a evasão dos habitantes em virtude de especulação.

Mas como a redefinição das políticas de preservação no âmbito internacional se propagou nas diferentes áreas do planeta? As recomendações contidas nas cartas patrimoniais nem sempre foram seguidas à risca pelos países participantes das convenções em defesa do patrimônio. No entanto, esses documentos sem dúvida estimularam a difusão de experiências distintas. Na América Latina, a diversidade do patrimônio cultural, o vasto território, as urgências sociais e a carência de recursos propuseram desafios específicos às disposições legais de proteção.

Os centros históricos latino-americanos são tão diversificados que se torna difícil e inadequado tratá-los como se constituíssem realidades únicas e homogêneas. Uns datam de períodos pré-hispânicos, anteriores ao processo de colonização, como Cusco; outros do período colonial, como Quito e Olinda. Alguns se desenvolveram no período republicano, como Santiago, ou no período moderno, como Brasília. E, como tal, cada um deles apresenta necessidades singulares de intervenção. Por outro lado, é possível detectar também a coexistência de distintos centros históricos no interior de uma mesma região, sem que suas temporalidades e tipologias se restrinjam às alegorias estéticas referentes às datas de fundação das cidades. Desse modo, podemos afirmar que somente a investigação minuciosa sobre as origens históricas do patrimônio e suas características estéticas, bem como a observação atenta da densidade populacional e das tipologias urbanas da região estudada, podem oferecer pistas precisas sobre os métodos adequados à sua recuperação.

Os antigos núcleos latino-americanos, apesar da heterogeneidade dos contextos históricos, sociais, políticos e urbanos que enfrentam, atualmente deparam-se com problemas comuns, tais como privatização dos espaços públicos, degradação do patrimônio cultural, precária qualidade de vida, presença predominante de população residente de baixa renda, subemprego, ineficiência nos serviços prestados aos cidadãos e dificuldades de acesso ou total ausência de equipamentos urbanos. As deficiências no âmbito da sustentabilidade dos processos sociais, econômicos, ambientais, culturais e institucionais, a crescente agressão ambiental, a destruição e descaracterização do patrimônio edificado e urbanístico têm resultado em situações catastróficas para as sociedades latino-americanas.

Diante de tamanhos problemas, especialistas e técnicos devotados à causa do patrimônio mobilizaram-se, desde o final da década de 1970, em torno de medidas capazes de suscitar a consciência da comunidade latino-americana e de promover o controle urbano por meio de decretos e códigos de edificações, entre outros instrumentos legais — seguindo os indicativos das bem-sucedidas experiências realizadas na Europa. Tentativas dessa natureza, apesar de apresentarem certa descontinuidade, foram aplicadas nos investimentos turísticos realizados em Cusco e na recuperação parcial de sítios antigos, como Buenos Aires e Lima, apenas para citar alguns exemplos.

Não podemos negligenciar que tais empreendimentos, embora restritos à recuperação das fachadas de edifícios e alheios às necessidades habitacionais da população residente, foram influenciados pela Carta de Machu Picchu (1977). Esse documento constituiu um marco nas reflexões acerca da preservação dos bens culturais latino-americanos, ao referendar a incorporação de valores socioculturais nos processos de restauração e retomar as questões anteriormente abordadas na Convenção de Estocolmo (1972). Esta tratou da conservação do patrimônio como meio eficaz para manter a vitalidade urbana, considerando o impacto econômico e social da revitalização e os danos causados ao meio ambiente.

Essas posturas, também reforçadas na Declaração de Tlaxcala (1982), indicaram a preservação de pequenas aglomerações, onde repousavam modos de vida depositários de relações comunitárias capazes de testemunhar sobre culturas diversas e viabilizar a continuidade de traços comuns de identidade entre seus habitantes. Proposições semelhantes foram referendadas na Declaração do México (1985), que ratificou o respeito às tradições e formas de expressão de cada povo, tomando o conceito de identidade como elemento de constituição de valores nacionais e locais.

Somente na década de 1980 foi consolidada entre os especialistas uma acepção ampliada do conceito de patrimônio, compreendido não só por produções de artistas ou intelectuais reconhecidos, mas estendido às criações anônimas, oriundas da alma popular. As urgências sociais e a carência crônica de recursos dos diversos países da América Latina não dissimularam a importância da preservação de bens materiais e não materiais que expressassem a criatividade de seus povos, reconhecidos na singularidade da língua, dos ritos, das crenças, dos lugares, dos monumentos históricos e das produções artísticas e científicas. Seguindo essa linha, asseverou-se que o apreço pelo patrimônio cultural estimulava os povos a salvaguardar sua soberania e independência e, por conseguinte, reafirmava sua identidade cultural.

A coerência dos compromissos firmados a partir das convenções internacionais e o esforço dos agentes envolvidos nas questões do patrimônio são dignos de louvor. Todavia, para termos uma noção das contendas enfrentadas na América Latina, examinaremos a seguir as experiências de recuperação de Lima e Quito.

Uma nova paisagem para o centro histórico de Lima. Até meados dos anos 90, as tentativas de recuperar a chamada "Lima cuadrada" limitaram-se a intervenções pontuais em casarões, reformados por instituições financeiras. O tema adquiriu destaque a partir da inclusão do centro histórico de Lima na Lista do Patrimônio Cultural da Humanidade, em 1991. Desde então, o sítio tornou-se alvo de programas políticos comprometidos com o combate à degradação arquitetônica e à poluição visual. A tugurização — improvisação de moradias com materiais precários e em locais inadequados —, gradualmente, passou a ser mencionada nos programas governamentais. Toda essa questão, entretanto, ganhou maior ressonância no cenário nacional peruano com as eleições municipais de 1995, emergindo como tema prioritário nas campanhas eleitorais limenhas.

A despeito do êxito alcançado pela setorização administrativa e da criação de órgãos direcionados à intervenção no centro histórico da cidade — como, por exemplo, o Escritorio General de Participación Vecinal, dirigido pelo conceituado sociólogo Rodrigues Rabanal —, muitos problemas se mantiveram sem solução, como assinalou a pesquisadora Stéphanie Ronda. Mas será que a postura participativa da prefeitura de Lima contribuiu para a inclusão social da população residente nessa área? As aparências enganam, já diziam as gerações antigas! O projeto de reabilitação não previa a intersecção com as políticas habitacionais e o desenvolvimento sustentável. As primeiras ações em prol da recuperação do patrimônio se restringiram ao embelezamento dos monumentos, ao esquadrinhamento dos espaços públicos, à limpeza das praças San Martín, Bolívar e Itália e do Parque Universitário, entre outras áreas centrais.

Sob a ótica das autoridades municipais limenhas, a degradação do centro histórico estava associada apenas ao uso inadequado do solo urbano e à pobreza de seus habitantes — locatários que, na maioria das vezes, subdividiam os casarões, transformavam-nos em cortiços deprimentes e sobreviviam através do comércio informal (como vendedores ambulantes ou camelôs).

E a especulação imobiliária, como foi enfrentada? Por razões óbvias, os proprietários transferiam as responsabilidades de manutenção dos imóveis aos inquilinos pobres e aguardavam pacientemente a deterioração total dos casarões para proceder à demolição. Desse modo, atraíam investimentos imobiliários mais rentáveis do que os aluguéis e, certamente, mais sedutores à população economicamente privilegiada.

A volta dos segmentos dominantes ao centro histórico implicou a expulsão da população andina que ali residia e que usufruía das praças como locais de comércio, encontros e sociabilidades. A imposição do uso contemplativo das praças e parques inibiu a preservação do significado original e da função que tais lugares adquiriram para essa população, impondo padrões burgueses de uso da cidade.

Não obstante, a habilidade dos profissionais que atuam em defesa do patrimônio não conseguiu enfrentar os impasses inerentes às distintas realidades dos países latinos, como ocorreu no México após o terremoto de 1985. Nesse caso, felizmente, as intervenções bem-sucedidas alcançadas nos núcleos históricos e na reabilitação de moradias, realizadas nas áreas centrais da cidade do México, contribuíram para a melhoria da qualidade de vida dos habitantes locais. Desde então, as autoridades mexicanas, como salientou René Coulomb, optaram pela integridade da gestão pública através de planos e políticas de desenvolvimento econômico e social, articulados ao planejamento habitacional, territorial e urbano. Nessa linha de abordagem, o êxito dos empreendimentos realizados na cidade de São Francisco de Quito também não pode ser ignorado, como veremos a seguir.

O programa de reabilitação do centro histórico de Quito. A capital do Equador vem sendo apontada por especialistas como uma das regiões latino-americanas que melhor preservou seu centro histórico, apesar das mazelas causadas pelo terremoto de 1988. O projeto de reabilitação desenvolvido na década de 1990 pautou-se pelo resgate da tipologia das construções e pela sustentabilidade econômica do local.

Como assinalou Roberto Segre, a tentativa de integração das populações locais nesse projeto e a criteriosa investigação histórica tomada como referencial para as medidas colocadas em prática concorreram para transformar esse conjunto arquitetônico em um "testemunho" urbanístico do século XIX.

Reconhecida pela Unesco como patrimônio da humanidade em 1978, Quito é uma cidade cuja paisagem natural andina se harmoniza com os caminhos estreitos que conduzem aos campanários presentes por toda parte. As construções religiosas abrigam obras de arte de variados estilos e relíquias arquitetônicas que se mantêm vitoriosas ante o atroz ataque do tempo e a devastadora ação humana. Erguido sobre as ruínas de uma das capitais do Império Inca, por volta de 1534, o centro histórico acumula cerca de cinco mil imóveis. No entanto, sua função residencial manteve-se descaracterizada até meados dos anos 80. As poucas habitações que ainda conservavam sua tipologia original se encontravam, nessa época, em condições avançadas de deterioração, permitindo apenas a utilização dos cômodos localizados no andar térreo.

Diante dessa situação, a recuperação tomou por base o reforço da função habitacional e do equipamento coletivo — aspecto que implicou a reabilitação integrada de todo o sítio e a adoção de medidas abrangentes, capazes de orientar a seleção dos imóveis que seriam utilizados como moradias e daqueles que seriam destinados aos fins administrativos ou comerciais, públicos ou privados. Com isso, as atividades centraram-se na preservação das características do patrimônio, na melhoria da qualidade do ambiente urbano e na inclusão social da população.

A proposta de "moradia solidária", implantada dois anos após o início do projeto, presumia a adoção de políticas públicas de desenvolvimento urbano que contemplassem amplos processos integrados de conservação em perímetros de intervenção precisos, evitando-se operações dispersas que inviabilizariam a otimização da infraestrutura instalada. Desse modo, a restauração das principais moradias da rua Caldas, por exemplo, apoiou-se na concentração de serviços, equipamento e infraestrutura — concepção que transformou o centro histórico em um espaço residencial alternativo e beneficiou a reativação econômica e turística do local sem comprometer o patrimônio histórico.

A recuperação do conjunto residencial conhecido como "Casa dos Sete Pátios" configura, ainda hoje, um caso emblemático da reabilitação realizada em Quito, pois a recuperação dessa construção restabeleceu o convívio entre as numerosas famílias que a habitavam (preservando seus *habitus* e costumes tradicionais) e refreou o avançado estado de deterioração do imóvel. As características originais da construção induziram os arquitetos Jorge Carvajal, Patrícia Fondello, José Román Ruiz e Emilio Yanes, responsáveis pelo projeto, a preverem a necessidade de acompanhamento contínuo por, no mínimo, 25 anos.

O programa de reabilitação do centro histórico de Quito visou a revitalizar as atividades comerciais e os serviços tradicionais, garantindo o acesso da população ao patrimônio edificado. Desenvolvido inicialmente com o apoio financeiro do BID (entre 1991 e 1994), contemplou a reabilitação dos edifícios públicos, civis e religiosos, o melhoramento das instalações urbanas e da sinalização das ruas, a construção de cinco estacionamentos para veículos, o incremento de ecovias e do transporte coletivo, e limitou a contaminação ambiental, a ocupação indiscriminada e a profusão da criminalidade.

O estabelecimento de um fundo de reabilitação e a criação de uma empresa mista promoveram o investimento público e privado em programas de turismo com o intuito de fomentar o desenvolvimento sustentável: a revitalização urbana e a conservação integrada foram levadas a termo através da adoção de políticas capazes de gerar novos usos para o centro antigo e incorporá-lo ao circuito turístico internacional.

Talvez, como destacou Paulina Burbano de Lara, diretora da Empresa do Centro Histórico de Quito, um dos méritos mais importantes dessa forma de gestão do patrimônio tenha decorrido do fato de que a mesma não se limitou apenas a reativar a infraestrutura urbana, estimular a instalação de hotéis, restaurantes, museus e edifícios de estacionamento. Ao contrário, apostou também na efetiva melhoria da qualidade de vida da população residente e dos comerciantes informais que lá se alojavam, fomentando a inclusão social dos artesãos equatorianos e o turismo cultural.

Entre 1994 e 1997, o centro histórico foi incorporado à dinâmica da cidade de Quito, transformando-se em uma área residencial, com ativa vida noturna e atividades urbanas heterogêneas. No entanto, será que o êxito dessa experiência logrou resultados positivos no trato do patrimônio em outros países da América Latina, e, em particular, em nosso país?

Políticas patrimoniais no Brasil: impasses e realizações

Em nosso país, as políticas públicas voltadas para a área cultural, particularmente aquelas referentes à proteção patrimonial, têm oscilado entre concepções e diretrizes nem sempre transparentes. Certo é que a maior parte das iniciativas nesse campo se inscreveu nas esferas do poder federal, e que, não raro, suscitaram interpretações díspares.

Um registro no mínimo curioso nos auxilia a apreender a ambiguidade que o trato do patrimônio cultural pode envolver (se é que podemos tratar o episódio dessa forma). Em correspondência enviada, em meados do século XVIII, a D. Luis Pereira Freire de Andrade (governador da capitania de Pernambuco), D. André de Melo e Castro (vice-rei do Brasil) manifestou o desejo de impedir a transferência de instalações militares para o "Palácio das Duas Torres". Sob a alegação de que tal feito geraria a ruína do palacete e o uso inadequado de suas luxuosas instalações, o então vice-rei solicitou a permanência dos soldados no antigo quartel, lócus da memória das "ilustres e famosas ações que obraram os portugueses na restauração dessa capitania", arrancada do jugo holandês em 1644. Ora, considerando-se que o palacete fora erguido por Maurício de Nassau, como poderíamos interpretar a postura do vice-rei? Qual o seu interesse em proteger o imóvel do "uso violento e pouco cuidadoso dos soldados"? Que memória pretendia preservar: a dos invasores holandeses ou a dos colonizadores portugueses? Segundo alguns pesquisadores, essa iniciativa apresenta indícios da proteção de uma dada memória no território nacional; para outros, representa mais um dos incautos procedimentos de nossos irmãos portugueses...

A despeito da dubiedade que essas interpretações podem suscitar, cabe lembrar, como advertiu Jacques Le Goff: o que sobrevive enquanto memória coletiva de tempos passados não é o conjunto dos monumentos e documentos que existiram, mas o efeito de uma escolha realizada pelos historiadores e pelas forças que atuaram em cada época histórica. Por conseguinte, trataremos a seguir das medidas adotadas para salvaguardar os bens culturais brasileiros.

Esse tema foi abordado sistematicamente nas cartas constitucionais desde os primeiros anos da década de 1930. A Constituição da República Federativa do Brasil de 1934, por exemplo, declarou o impedimento à evasão de obras de arte do território nacional e introduziu o abrandamento do direito de propriedade nas cidades históricas mineiras, quando esta se revestisse de uma função social. Tal disposição, sancionada na Constituição de 1937, tornou-se decisiva para a proteção do patrimônio brasileiro, na medida em que submeteu o instituto da propriedade privada ao interesse coletivo (sob a ingerência do Estado). Esse entendimento terminou viabilizando os processos de tombamento no país, instituídos por meio do Decreto-lei n.25/1937 — o principal instrumento jurídico utilizado pelo então Serviço do Patrimônio Histórico e Artístico Nacional (Sphan), criado em 1936 sob os auspícios do ministro Gustavo Capanema, responsável pela pasta de Educação e Saúde Pública.

Para analisar com maior clareza os procedimentos adotados pelo órgão responsável pela proteção do patrimônio cultural no Brasil, cabe recordar: enquanto a Convenção sobre a Proteção do Patrimônio Cultural e Natural atua na fiscalização e proteção dos bens culturais inclusos na Lista do Patrimônio Cultural da Humanidade, as ações do Instituto do Patrimônio Histórico e Artístico Nacional (Iphan) se encarregam da identificação, catalogação, restauração, conservação, preservação, fiscalização e difusão dos bens culturais em todo o território brasileiro.

A despeito das inúmeras reestruturações administrativas sofridas por esse órgão desde a sua criação no governo Vargas, seus meios de atuação se mantêm leais às recomendações pertinentes para os compromissos firmados entre os países signatários da Convenção do Patrimônio, liderada pela Unesco. Todavia, será que esses indicativos dão conta dos desafios enfrentados pelo Iphan? Que orientações têm norteado suas atividades?

A priori, as propostas dos intelectuais vinculados ao Iphan foram orientadas por critérios seletivos pautados pela identificação da característica estética das obras, sua autenticidade e seu caráter excepcional. Tais preceitos remontam à matriz francesa que serviu de modelo para a definição da Lista do Patrimônio Cultural da Humanidade e para a institucionalização do ensino de arquitetura e engenharia em diversos países do mundo, inclusive no Brasil, através da Escola de Belas Artes e do Curso Politécnico. Portanto, apesar do esforço do Iphan em preservar o patrimônio brasileiro, não podemos ignorar o fato de que a legislação referente a esse tema se baseou na observância da função social da propriedade, restrita à conservação de bens móveis e imóveis considerados memoráveis para a história do país.

Inseridas em um projeto mais amplo, devotado à prática social integradora do governo Vargas, as primeiras ações em defesa do patrimônio nacional incluíram a seleção de edifícios do período colonial — em estilo barroco — e palácios governamentais, em sua maioria prédios neoclássicos e ecléticos. Essas escolhas foram feitas devido a seus vínculos com a história oficial da nação. Enquanto a arquitetura foi elevada à condição de marca nacional capaz de promover a imagem de solidez do Estado brasileiro, os bens culturais não pertencentes às elites acabaram relegados ao esquecimento. Tal premissa foi alterada mais de 60 anos após a criação do Iphan, mediante a implementação do Decreto n.3.551/2000, que instituiu o registro de bens culturais de natureza imaterial.

Voltando ao ponto de partida dessa reflexão: é possível afirmar que o Iphan se dedica à salvaguarda dos bens culturais nacionais considerados representativos de diversos segmentos da cultura brasileira? Como o instituto desempenha suas funções? Essas indagações nos parecem muito complexas para serem circunscritas a uma resposta afirmativa ou negativa. Contudo, podemos asseverar que as atividades do

Iphan em todo o território nacional transcorrem por meio de superintendências regionais e escritórios técnicos, museus e casas históricas, mediados por normativos que interferem diretamente no desempenho do instituto, como o Decreto-lei n.2.809/1940, que dispôs sobre a aceitação e aplicação de donativos particulares ao órgão, ou o Decreto-lei n.4.397/2002, que estabeleceu a execução sistemática do Programa Nacional de Apoio à Cultura — Pronac.

Ora, se for legítimo afirmar que a promulgação da Constituição de 1946 inaugurou a preocupação com a proteção de documentos históricos e reafirmou o que havia sido prescrito na Constituição de 1937, podemos assinalar que a gestão do patrimônio manteve-se submetida ao Estado brasileiro. Como poderíamos então mensurar o alcance das atividades do Iphan? Talvez, o fato de o instituto se ater à organização de campanhas patrimonialistas em defesa do folclore brasileiro durante o governo de Juscelino Kubitschek possa oferecer pistas sobre essa questão. Sem dúvida, as políticas públicas devotadas à proteção patrimonial têm cambiado de acordo com os conceitos de identidade nacional dos governos que se sucedem no poder. O período democrático (1946-1964) proporcionou, assim, que fosse aprovada a única lei de proteção do patrimônio arqueológico (3.924/1961), após uma campanha humanista encabeçada pelo intelectual paulista Paulo Duarte.

A Carta Constitucional de 1967 criou novas categorias de bens a serem preservados, elegendo como patrimônio as jazidas e os sítios arqueológicos, anteriormente classificados apenas como locais de valor histórico. Contraditoriamente, esse documento afiançou, nos anos de intensa repressão política no Brasil, o direito à proposição de ação popular com vistas a anular atos lesivos ao patrimônio público.

As profundas alterações nas relações entre o Estado e os produtores culturais iniciadas com a decretação do Ato Institucional n.5 (AI-5), em dezembro de 1968, pelos militares, provocaram novos impasses à proteção do patrimônio cultural brasileiro. A partir de então, inúmeras obras passaram a sofrer intervenções e proibições colocadas em prática por meio da ação censória do governo. Nos anos posteriores, as iniciativas em prol do patrimônio nacional se limitaram ao controle sobre o comércio de obras de arte antigas, a locação de repartições públicas em imóveis de valor histórico e artístico, bem como a criação conjunta de cursos de formação de mão-de-obra especializada e o incentivo à produção artística e literária relacionada aos valores nacionais e regionais.

Nos anos 70, cogitou-se, por um lado, a inclusão de matérias relacionadas ao patrimônio nacional nos currículos do ensino fundamental, médio e superior, e, por outro, foram analisadas as possibilidades de articulação entre a preservação patrimonial e o fomento turístico. Assim, o Programa de Reconstrução das Cidades Históricas, acionado pelo governo federal em 1973, centrou-se na recuperação dos bens de "pedra e cal" e no incremento do turismo e do comércio em áreas consideradas de tradição histórica e cultural, sobretudo no Nordeste.

Durante a gestão de Jarbas Passarinho no Ministério da Educação, o governo Médici criou o Programa de Ação

Cultural (PAC), com vistas a promover a abertura de crédito e financiamento para as ações ligadas ao fomento cultural. Três anos depois, o Ministério da Educação e Cultura (MEC), sob o comando de Ney Braga, implantou o primeiro plano oficial na área cultural, denominado Política Nacional de Cultura (1975). Esta, por sua vez, viabilizou a criação do Centro Nacional de Referência Cultural (CNRC), que conjugou profissionais de várias áreas interessados na produção de um sistema referencial básico, empregado na descrição e análise da dinâmica cultural brasileira.

Em 1979, sob os auspícios do MEC, foi criada a Fundação Nacional Pró-Memória, com o objetivo de driblar os entraves burocráticos e agilizar a captação de recursos para realizar programas e projetos na área da cultura. O reconhecimento de uma vasta gama de bens procedentes, sobretudo, do saber popular alargou a concepção de patrimônio, agora assentada na diversidade cultural, étnica e religiosa do país. Sob a coordenação de Aloísio Magalhães, foram promovidas viagens e debates sobre a cultura e o patrimônio em distintas áreas do país — o que conferiu a ele o status de renovador das políticas culturais no Brasil.

Em termos práticos, na década de 1980 a proteção de monumentos isolados, outrora priorizada, foi suplantada pela preservação dos espaços de convívio, assim como pela recuperação dos modos de viver de distintas comunidades, manifestas, por exemplo, na restauração de mercados públicos e de outros espaços populares. Entre essas áreas, destacamos a do Terreiro da Casa Branca do Engenho Velho ou

Ilé Axé Iya Nassô Oká, um dos mais antigos templos de culto religioso negro no Brasil. Trata-se de um exemplar característico do modelo jeje-nagô, reconhecido em 1982 como patrimônio da cidade de Salvador, e, em seguida, tombado como patrimônio nacional, registrado no Livro Arqueológico, Etnográfico e Paisagístico e no Livro Histórico, em agosto de 1986. A excepcionalidade desse tombamento se deve ao fato de que representou um marco nas ações do Iphan, cuja tradição anterior privilegiava apenas os monumentos representativos do culto católico. Ademais, além do patrimônio edificado, foram tombados também os principais objetos e árvores sagradas, bem como a vegetação ritual do entorno, numa área total de 6.800m^2.

Essa ampliação da noção dos bens a serem preservados foi reforçada pelas políticas de incentivo fiscal voltadas para a cultura. A Lei n.7.505/1986, conhecida como Lei Sarney, constituiu, de um lado, um significativo impulso no âmbito da proteção do patrimônio. Mas, de outro, propiciou o desenfreado desenvolvimento do marketing cultural, que se consolidou nos anos 90.

Ações pelo patrimônio tornaram-se veículos de propaganda empresarial que, não raro, espetacularizavam o patrimônio, tomando-o como "produto cultural" (uma mera mercadoria!). O Decreto n.8.313, conhecido como Lei Rouanet, editado em dezembro de 1991, também reiterou os princípios norteadores da Lei Sarney e instituiu o Programa Nacional de Apoio à Cultura (Pronac), cujo propósito central era incentivar e desenvolver projetos culturais por intermédio de recursos oriundos do Fundo Nacional de

Cultura (FNC) e do Fundo de Investimento Cultural e Artístico (Ficart).

O patrimônio cultural sob novo enfoque. A abertura democrática no país, vivenciada na década de 1980, permitiu o surgimento de revisões teóricas no campo da preservação dos bens culturais e a superação de práticas limitadas à conservação palaciana e fachadista — restritas à recuperação apenas da imagem plástica, do colorido e das feições estilísticas dos conjuntos históricos.

A Carta Constitucional promulgada em 1988 retomou alguns pressupostos preservacionistas sugeridos por Mário de Andrade e Aloísio Magalhães, reafirmando que a ação em prol do patrimônio devia se desenvolver independentemente da ação de tombamento e devia basear-se na referencialidade dos bens. Além disso, as disposições contidas no artigo 215 reiteraram a proteção às manifestações populares indígenas e afro-brasileiras ou de quaisquer outros segmentos étnicos nacionais, propondo, inclusive, a fixação de efemérides ou datas comemorativas concernentes aos seus respectivos interesses. A defesa do meio ambiente, da qualidade de vida nos centros urbanos e da pluralidade cultural representou avanços na luta pela cidadania e por políticas preservacionistas nos anos que se seguiram.

Apesar da predisposição de tratar a cidade como documento, em toda a sua complexidade, as políticas de preservação adotadas no Brasil a partir da década de 1990 distanciaram-se dessa concepção e, por vezes, sucumbiram à noção de "cidade-espetáculo", para usar a terminologia sugerida por Nestor Canclini. A associação dos bens culturais ao seu valor de mercado corroborou para aumentar o consumo cultural e para transformar a paisagem historicamente construída em "ruínas" patrimoniais de marketing citadino, ou seja, transformar a cidade histórica em objeto de consumo. Criou-se um simulacro de preservação, uma vez que, não raro, a intervenção nos conjuntos históricos limitou-se a recuperar apenas a plasticidade expressa no traçado e nas características estéticas das construções.

A exclusão da população residente e a adaptação dos espaços a novos usos, na maioria das vezes, não resultaram em processos integrados de reabilitação, como propunham as cartas patrimoniais internacionais que defendiam a conservação integrada e o desenvolvimento sustentável. Muito pelo contrário, as ações desse tipo se identificaram com o fenômeno definido pelos geógrafos como "gentrificação", enquanto a consolidação do espaço arquitetônico, via de regra, pautou-se pela superficialidade das restaurações. Desse modo, verificamos que a suposta homogeneidade dos centros históricos foi conquistada à custa da restauração de fachadas de monumentos, da impressão de conjunto forjada pela demolição de prédios, pela criação de amplos espaços vazios ou verdes, utilização de mobiliário urbano padronizado (definido por padrões de época) e pelo emprego de jogos de cores e luzes contrastantes.

Todos esses efeitos visuais, somados à comercialização de produtos supostamente oriundos da cultura local, tais como a comida, o artesanato, os rituais, entre outros, e ao investimento em eventos gigantescos voltados para o turismo, têm estabelecido a tônica dominante entre os projetos de preservação. Essa forma de intervenção, colocada em prática nos Estados Unidos (Nova York e Boston), vem sendo implantada também em algumas cidades europeias e latino-americanas. Dentre esses projetos, destacamos aqueles efetuados em áreas próximas a Barcelona (na orla marítima) e a Buenos Aires (onde estruturas portuárias degradadas foram recuperadas e utilizadas como base para a criação de Puerto Madero). No Brasil, esse efeito pode ser observado na restauração do Pelourinho, em Salvador, e do centro histórico de Olinda e Recife. Tais projetos resultaram de uma pseudo autossustentabilidade pautada por postulados econômicos e visaram à redução dos custos de investimento público, mas deixaram de lado a gestão associada de políticas ambientais, urbanísticas e habitacionais.

Não podemos esquecer que as contribuições do Projeto Cores da Cidade, patrocinado pela Fundação Roberto Marinho e por fabricantes de tintas, têm viabilizado a restauração de espaços e edifícios públicos memoráveis em São Paulo e no Rio de Janeiro. Tampouco podemos ignorar que as intervenções realizadas no Pelourinho, por parte do governo estadual da Bahia, são reconhecidas nacional e internacionalmente. Por outro lado, devemos lembrar que a promissora reabilitação do centro histórico de Quito inspirou a restauração de significativos conjuntos patrimoniais urbanos, realizada pelo Programa Monumenta, administrado pelo Ministério da Cultura com recursos do BID.

Apesar do valor positivo desses projetos, pautados pela transformação do patrimônio em áreas de interesse turístico, a implantação de programas dessa natureza deve escapar à tentação de reduzir o patrimônio a "cenários" da indústria cultural e à lógica do entretenimento, dissociando toda a fruição dos bens culturais da memória social e histórica.

A ampliação do conceito de patrimônio observada no artigo 216 da Constituição Federal Brasileira sem dúvida impulsionou a criação de um novo instrumento de preservação no país: o Registro de Bens Culturais de Natureza Imaterial, implementado pelo Decreto n.3.551/2000. Essa multiplicação das frentes de tombamento do patrimônio histórico nacional, apresentada no registro de "bens imateriais notáveis", como salientou Glauco Campelo, evidenciou a adoção de novas formas de acautelamento por parte do Iphan e a necessidade da criação do Livro de Registro dos Saberes e do Livro de Registro das Formas de Expressão, nos quais são inscritos os "conhecimentos e modos de fazer enraizados no cotidiano das comunidades" e compiladas "as manifestações literárias, musicais, plásticas, cênicas e lúdicas". Criou-se também o Livro das Celebrações e o Livro dos Lugares, que tratam, respectivamente, dos "rituais e festas que marcam a vivência coletiva do trabalho, da religiosidade, do entretenimento e de outras práticas da vida social" e dos espaços onde se "concentram e reproduzem práticas culturais coletivas", como mercados, feiras, santuários e praças, entre outros.

Claro que as recentes conquistas no âmbito da preservação do patrimônio intangível parecem irrevogáveis. O êxito dessa medida pode ser comprovado mediante o registro do Ofício das Paneleiras de Goiabeiras, primeiro bem cultural catalogado no Livro de Registro dos Saberes, em 20 de dezembro de 2002. Essa inscrição foi realizada por solicitação da Associação das Paneleiras de Goiabeiras e pela Secretaria Municipal de Cultura de Vitória, com o objetivo de preservar o saber-fazer relacionado à fabricação artesanal de panelas de barro em Goiabeiras Velha, em Vitória, no Espírito Santo. Esse conhecimento vem sendo repassado de mãe para filha por gerações sucessivas, e continua garantindo a sobrevivência de mais de 120 famílias, muitas delas aparentadas entre si.

Aliás, a inclusão do samba de roda (do Recôncavo Baiano), da pintura corporal conhecida como Arte Kusiwa e da Arte Gráfica Wajãpi (do Amapá) no Livro de Registro das Formas de Expressão representa uma conquista incomensurável no âmbito da defesa do patrimônio mundial, uma vez que estas duas últimas foram proclamadas, em 2003, obras-primas do patrimônio imaterial da humanidade.

Há muito por fazer, mas podemos afirmar que a experiência patrimonial no Brasil tem sido assimilada no seu sentido mais completo, em sintonia com a coletividade e a partir de conhecimentos antropológicos, sociológicos, históricos, artísticos e arqueológicos orientados por especialistas. A implantação de cursos de educação patrimonial, a organização de oficinas-escola e serviços em mutirão constituem ações de importância fundamental no processo de envolvimento da população. Esse esforço, articulado com o estímulo à responsabilidade coletiva, contribuirá para consolidar políticas de inclusão social, reabilitação e sustentabilidade do patrimônio em nosso país.

A organização de oficinas-escola em João Pessoa (com subsídios da Agência Espanhola de Cooperação Internacional) e de mutirões supervisionados por mestres em restauração de talhas no Recife e em Olinda (mediante associações entre o governo do estado e as prefeituras) já apresentam resultados louváveis. As oficinas, ao prepararem mão-de-obra para os trabalhos de restauração, possibilitam um eficaz intercâmbio de informação sobre o patrimônio e promovem a difusão de experiências práticas no campo do restauro de edificações, altares entalhados, portadas de pedra e obras de arte, entre outros bens. Mais do que isso: atuam como multiplicadoras de conscientização, na medida em que o exercício dos aprendizes suscita o interesse de outros membros da comunidade. Esse movimento se une a um labor silencioso de reabilitação que precede a exibição do bem e das obras mais vistosas. Trata-se, portanto, de um procedimento que não pode se restringir a dar visibilidade ao "espetáculo do patrimônio", seja através de exposição das obras de arte em museus, de visita aos monumentos ou de turismo cultural.

A gestão do patrimônio cultural no limiar do século XXI

A análise dos conceitos referentes ao patrimônio e as reflexões sobre as identidades e memórias, tomadas à luz de diferentes processos de "recuperação" dos bens culturais, talvez tenham suscitado ao leitor mais dúvidas do que certezas. As práticas preservacionistas acionadas na América Latina mantêm-se em sintonia com as políticas internacionais de proteção, que enfrentam o desafio de associar a preservação do patrimônio cultural e da memória social ao desenvolvimento urbano. Mas, no caso latino-americano, os especialistas se deparam com outros impasses, agravados pela complexidade e extensão dos acervos de bens, a dispersão desse patrimônio no vasto continente americano, as urgências sociais e a escassez de recursos.

Por certo, essas dificuldades implicam ações pontuais, muitas vezes restritas à promulgação de leis e decretos específicos, que, por sua vez, ocasionam desequilíbrios regionais e sociais. Todavia, não podemos ignorar que tais obstáculos, justificados pelos entraves financeiros e pelas grandes distâncias a serem vencidas, dissimulam escolhas expressas em projetos políticos historicamente constituídos, nos quais se explicita os bens dignos de perenidade e aqueles condenados à destruição.

Assim, embora a implantação de leis voltadas para a defesa do patrimônio histórico tenha representado um avanço no campo da preservação da memória social dos países latinos, os fundamentos que informaram essas práticas iniciais acabaram provocando a expropriação cultural da maior parcela da população, que não se viu reconhecida nos majestosos exemplares da arquitetura pública ou religiosa. O deslocamento observado no percurso da política patrimonial resulta do desenvolvimento da arqueologia histórica, dos enfoques da antropologia e, sem dúvida, da abertura da história a sujeitos sociais antes silenciados ou ignorados. Essa possibilidade certamente implicou a escolha de bens diversificados para celebrar a memória social de distintos segmentos étnicos presentes em nosso continente.

No entanto, a observação de algumas experiências de preservação e a análise dos compromissos firmados pelas instituições voltadas para a defesa do patrimônio também podem ter sugerido questionamentos no campo da gestão patrimonial.

Se nos debruçarmos mais detidamente sobre os padrões de recuperação patrimonial adotados nos núcleos históricos de Lima e Quito, perceberemos que a diferença mais significativa entre os dois casos reside no fato de que as autoridades equatorianas associaram a defesa do patrimônio à política habitacional e ao investimento turístico, privilegiando a inclusão social. Talvez o grande valor do projeto se resuma à estratégia de reabilitação adotada — um conceito de gestão urbana balizado pela requalificação da cidade, colocada em prática por meio de intervenções múltiplas destinadas a valorizar as potencialidades sociais, econômicas e funcionais do logradouro. Para tanto, o programa investiu na recuperação das identidades locais e no melhoramento das condições físicas do parque construído, sem negligenciar as características tipológicas e paisagísticas da área, restaurando, com isso, suas singularidades arquitetônicas e artísticas.

Se a estratégia de reabilitação parece contemplar satisfatoriamente as necessidades de preservação, que padrões de gestão do patrimônio seriam os mais adequados para sua implementação? Esse assunto tem provocado inquietações entre os membros das instituições responsáveis pela reabilitação dos sítios históricos. Todos parecem buscar protótipos de intervenção capazes de integrar o patrimônio à dinâmica da cidade. Nessa linha de abordagem, tem se valorizado a opção por medidas conjuntas, adequadas ao envolvimento de atores públicos e privados para garantir a sustentabilidade, o desenvolvimento e a valorização do patrimônio. Esses preceitos vêm sendo debatidos desde longa data, como demonstram as recomendações contidas tanto na Declaração de Lima, quanto na Declaração da Cidade do México — documentos resultantes respectivamente dos congressos realizados em novembro de 1997 e em abril de 2000.

Por certo, a implementação de políticas patrimoniais deve partir dos anseios da comunidade e ser norteada pela delimitação democrática dos bens reconhecidos como merecedores de preservação. Mas a seleção dos bens a serem tombados precisa estar integrada aos marcos identitários reconhecidos pela própria comunidade na qual se inserem. Nesse ponto, a experiência participativa executada em Cuba, na Havana Velha, pode ser lembrada, pois as medidas implementadas promoveram o diálogo entre o velho e o novo e o debate sobre as necessidades socioculturais da população. Desse modo, o velho centro de Havana foi reabilitado, segundo Roberto Segre, mediante atribuição de novos usos aos ambientes antigos, transformados em espaços culturais, abrigos ou escolas.

As políticas preservacionistas adotadas na América Latina apostam, cada vez mais, no envolvimento das comunidades e em iniciativas integradas entre o público e o privado. Mas a globalização e as inovações tecnológicas da contemporaneidade, somadas ao amálgama cultural incorporado à sociedade latino-americana, continuam suscitando muitas contendas a serem superadas. Ficaremos contentes se a leitura deste livro contribuir para uma compreensão mais ampla de patrimônio e para a adoção de práticas sociais inclusivas.

Referências e fontes

Indicamos, a seguir, obras que substanciaram nossas considerações, de modo que o leitor possa se aprofundar na leitura de textos com referências adicionais.

A citação de Joaquim Falcão foi retirada de seu artigo "A redução do Brasil", publicado na *Folha de S. Paulo* (4/4/2000, Caderno A, p.3). A luta das comunidades pelo patrimônio foi objeto de artigo no *Estado de Minas* (31/5/1998, p.6-7). Os exemplos de Santana do Parnaíba e São Sebastião foram retirados de *O Estado de S. Paulo*, dos artigos "Menores carentes restauram Santana de Parnaíba" e "Projeto tira crianças das ruas e ensina a preservar o patrimônio" (27/6/1999 e 20/4/2002, respectivamente).

O caráter aristocrático da sociedade romana que originou o conceito de *patrimonium* é discutido em *A vida quotidiana na Roma Antiga* (São Paulo, Annablume, 2003), de Pedro Paulo Funari.

O conceito de nação está bem desenvolvido em *Nationalism* (Oxford, Oxford University Press, 2005), de Steven Grosby. A cidadania moderna encontra-se no livro *História da cidadania* (São Paulo, Contexto, 2003), organizado por Jaime e Carla Pinsky. O caso das possessões francesas na América do Norte encontra-se em *La question nationale au Québec* (Paris, PUF, 1998), de Françoise Epinette.

As noções de *habitus* e reprodução por meio da escola foram esmiuçadas por Christiane Chauviré e Olivier Fontaine, em *Le vocabulaire de Bourdieu* (Paris, Ellipses, 2003). *Deleuze e a educação* (Belo Horizonte, Autêntica, 2003), de Sílvio Gallo, e *Paredes que domesticam: Arqueologia da arquitetura escolar capitalista* (Buenos Aires, CHAA/Unicamp/Fapesp, 2002), de Andrés Zarankin, tratam dos outros autores citados no corpo do capítulo.

O caso da unificação italiana encontra-se bem desenvolvido no clássico do filósofo Benedetto Croce, *Storia d'Italia, dal 1871 al 1915* (Bari, Laterza, 1967). Os documentos nazistas estão em *Der nationalsozialismus Dokumente 1933-1945* (Hamburgo, Fischer, 1957), editados e comentados por Walther Hofer. O caso inglês, entre outros, é discutido em *Archaeology under Fire. Nationalism, Politics and Heritage in the Eastern Mediterranean and the Middle East* (Londres, Routledge, 1998), organizado por Lynn Meskell.

A tradição anglo-saxônica do direito patrimonial está bem representada por John Henry Merryman em "The nation and the object", *International Journal of Cultural Property*, 3, 1994, p. 61-76. A tradição continental, derivada do direito romano, foi estudada por Dominique Audrerie em *La notion et la protection du patrimoine* (Paris, PUF, 1997). A legislação norte-americana é analisada em *Assessing Site Significance, a Guide for Archaeologists and Historians* (Walnut Creek, Altamira, 2000), de Donald L. Hardesty e Barbara J. Little. As leis citadas no capítulo podem ser encontradas na Internet.

A citação de Henry Cleere está em um capítulo do livro *Destruction and Conservation of Cultural Property* (Londres, Routledge, 2001), organizado por Robert Layton, Peter G. Stone e Julian Thomas. O site da Unesco fornece dados atualizados sobre a instituição, as convenções e os sítios considerados patrimônio da humanidade. http://www.unesco.org.

As declarações, cartas patrimoniais, leis e decretos referentes ao patrimônio cultural brasileiro foram disponibilizados no site http://www.iphan.gov.br e no site da Unesco, citado acima, podendo ser encontrados em publicações específicas como *Legislação brasileira de proteção aos bens culturais*, organizado pelo Iphan e pelo MEC, ou na *Constituição da República Federativa do Brasil* (Brasília, Senado Federal, 1988).

A análise dos casos da recuperação dos centros históricos de Lima e Quito foi fundamentada nos seguintes trabalhos: *La politique de restauration des centres historiques comme resource politique. La recouvrement du Centre Historique de Lima. Acteurs, Idées, Enjeux*, de autoria de Stéphanie Ronda (Aix-en-Provence, monografia, 1997); a obra editada por Fernando Carrión, *La ciudad construída. Urbanismo en América* (Quito, Facultad Latinoamericana de Ciencias Sociales/Junta de Andalucía/ Rispergraf, 2001); as discussões propostas por Urpi Montoya Uriarte em "Intervenções recentes em centros históricos: as políticas de recuperação dos centros históricos de Salvador, Lima e Quito" (Cadernos do CEAS, n.208, nov/dez 2003).

Os comentários sobre a gestão do patrimônio em Cusco e Lima, Puerto Madero (Buenos Aires) e Cidade do

México apoiaram-se nas proposições de René Coulomb em os "Modelos de gestión en los centros históricos de América Latina y el Caribe. En busca de la integridad, la gobernabilidad democrática y la sostenibilidad", artigo integrante do livro supracitado de Fernando Carrión.

Os comentários de Roberto Segre sobre a preservação na América Latina podem ser encontrados no livro *Arquitetura e urbanismo da revolução cubana* (São Paulo, Nobel, 1987) e no capítulo "Havana: o resgate social da memória", publicado em *O direito à memória. Patrimônio histórico e cidadania* (São Paulo, Departamento do Patrimônio Histórico/Secretaria Municipal de Cultura/Prefeitura de São Paulo, 1992), organizado por Maria Clementina Pereira da Cunha.

A análise da recuperação das residências tradicionais de Quito fundamentou-se nas proposições de Rolando Tasquer e E. Peralta, expressas no texto "Rescate de edificaciones históricas para la función habitacional", publicado no volume *Casas del Ecuador II* (Quito, Ediciones Trama, s/d.), e no artigo de Sandra de Cássia Araújo Pelegrini intitulado "Cultura e patrimônio histórico. Estratégias de preservação e reabilitação da paisagem urbana", divulgado na revista *Latinoamérica. Revista de Estudios Latinoamericanos*, n.38. (México, Universidad Nacional do México, 2004).

As impressões de Paulina Burbano de Lara e demais informações sobre a recuperação desse sítio integraram os textos que compuseram as coletâneas "Série Quito", intituladas *Centro Histórico de Quito. Problemática e perspectivas* e *Centro Histórico de Quito. Sociedad e espacio urbano* (Quito, Dirección de Planificación/Municípío de Quito/Consejería de Obras Públicas y Transporte/Junta de Andalucía/ Ministério de Asuntos Exteriores de España, 1990 e 1993).

A citação da correspondência do vice-rei do Brasil, D. André de Melo e Castro, consta do livro *Proteção e revitalização do patrimônio cultural no Brasil: uma trajetória*. (Brasília, MEC/Sphan/Fundação Nacional Pró-Memória, 1980, p.61).

As ações do Iphan foram esmiuçadas pelo arquiteto Lauro Cavalcanti no artigo "O cidadão moderno", incluído no volume 24 da *Revista do Patrimônio Histórico e Artístico Nacional – Cidadania* (Brasília, Iphan/MEC, 1996).

A menção de Jacques Le Goff diz respeito às assertivas do historiador francês expressas na obra *A História Nova* (São Paulo, Martins Fontes, 1995), enquanto as matizes francesas dos critérios seletivos que pautaram a identificação do patrimônio são apontadas por Leonardo Benévolo em *História da arquitetura moderna* (São Paulo, Perspectiva, 2001) e investigadas por Yves Bruand no volume *Arquitetura contemporânea no Brasil* (São Paulo, Perspectiva, 1997). As contribuições de Camillo Sitte podem ser observadas em *A construção das cidades segundo seus princípios artísticos* (São Paulo, Ática, 1992).

Sobre o tombamento do Terreiro da Casa Branca, vale consultar o artigo do antropólogo Gilberto Velho, "Antropologia e patrimônio cultural", publicado na *Revista do Patrimônio Histórico e Artístico Nacional*, n.20 (1984).

O conceito de "cidade-espetáculo" foi citado por Nestor Canclini em *Consumidores e cidadãos. Conflitos multicul-*

turais da globalização (Rio de Janeiro, UFRJ, 2001). As palavras de Glauco Campelo constam de "Ações pelo patrimônio", incluso em *Um olhar sobre a cultura brasileira*, coletânea com prefácio do presidente Fernando Henrique Cardoso e disponível no site http://www.minc.gov.br/textos/olhar/acoespatrimonio.htm.

Leituras recomendadas

Os títulos a seguir são indicados para os leitores que desejam aprofundar o estudo dos temas tratados. Há diversas obras gerais sobre patrimônio que constituem bons guias, tais como *El patrimônio histórico y arqueológico: valor y uso*, de Josep Ballart (Madri, Ariel, 1997), e *O que é patrimônio histórico?*, de Carlos Lemos (São Paulo, Brasiliense, 2000), publicada originalmente em 1981 e ainda relevante.

Alguns conceitos sobre identidades sociais são discutidos em *Identidades, discurso e poder: estudos da arqueologia contemporânea*, organizado por Pedro Paulo Funari, Charles E. Orser e Solange Schiavetto (São Paulo, Annablume, 2005), com capítulos sobre o patrimônio e seus usos. O patrimônio subaquático é discutido em *Arqueologia até debaixo dágua*, de Gilson Rambelli (São Paulo, Maranta, 2002).

Os principais temas patrimoniais e uma extensa bibliografia sobre o Brasil podem ser encontrados no artigo de Pedro Paulo Funari publicado em Portugal, "Os desafios da destruição e conservação do patrimônio cultural no Brasil", integrante do periódico *Trabalhos de antropologia e etnologia*, n.41 (Porto, 2001, p.23-32).

Para alguns exemplos de Portugal, ver o artigo "Identidades culturais urbanas em época de globalização", de António Firmino da Costa, publicado na *Revista Brasileira de Ciências Sociais*, v.17, n.48 (São Paulo, fev 2002), disponível em http://www.scielo.br.

O turismo cultural é estudado em *Turismo e patrimônio cultural* (São Paulo, Contexto, 2003), organizado por Pedro Paulo Funari e Jaime Pinsky, e em *Patrimônio histórico e cultural* (São Paulo, Aleph, 2002), de Haroldo Leitão Camargo.

Os desafios da preservação digital podem ser avaliados no site www.unicamp.br/siarq/doc_eletronico, com textos e links sobre o tema.

Além do já citado site da Unesco, são muito úteis os portais do Icomos, www.icomos.org, da União Mundial da Natureza, www.iucn.org, do Conselho Internacional dos Museus, www.icom.org, da Organização das Cidades Patrimônio da Humanidade, www.ovpm.org, e da International Law Association, www.ila-hq.org (Cultural Heritage Law); no Brasil, há informações em links de www.historiaehistoria.com.br.

As estreitas relações entre arte e patrimônio podem ser aprofundadas no artigo de Sandra de Cássia Araújo Pelegrini, "História, cultura e patrimônio. Os solares urbanos do século XIX", publicado na revista *Varia História*, n.29 (Belo Horizonte, UFMG, 2003, p.64-76). Outra boa fonte de consulta sobre o tema é a *Revista do Patrimônio Histórico e Artístico Nacional*, publicada pelo Iphan/MEC. Dela, em particular, destacamos o artigo de Claudia Girão, divulgado em 2001, no número 29.

As abordagens realizadas por Françoise Choay em *A alegoria do patrimônio* (São Paulo, Edunesp, 2001) e por

Márcia Scholz de Andrade Kersten em *Os rituais do tombamento e a escrita da história* (Curitiba, UFPR, 2000) constituem obras referenciais sobre os temas debatidos neste livro. Uma discussão ampla e atual dos problemas do patrimônio no continente americano pode ser encontrada em vários escritos do sociólogo Fernando Carrión, em especial *Centros históricos de América Latina y Caribe* (Quito, Unesco/Flacso, 2001).

Agradecimentos

Agradecemos o apoio institucional do Núcleo de Estudos Estratégicos da Unicamp, CNPq, Fapesp, Universidade Estadual de Maringá e aos colegas do *International Journal of Cultural Property*, assim como a Josep Ballart, Haroldo Leitão Camargo, Fernando Carrión, Celso Castro, Henry Cleere, Raquel dos Santos Funari, Bárbara Little, Clay Mathers, Lynn Meskell, P.J. O'Keefe, Lyndel Prott, José Remesal, Zélia Lopes da Silva, Sílvia Helena Zanirato e Andrés Zarankin. A responsabilidade pelas ideias, naturalmente, restringe-se aos autores.

Sobre os autores

PEDRO PAULO FUNARI nasceu em São Paulo. Graduou-se em história, obteve o mestrado em antropologia social e o doutorado em arqueologia, sempre na Universidade de São Paulo. Obteve a livre-docência em história pela Unicamp, onde é hoje professor titular. É distinguished lecturer na Universidade Stanford, pesquisador associado da Illinois State University e da Universitat de Barcelona, professor do programa de pós-graduação em arqueologia da USP e coordenador associado do Núcleo de Estudos Estratégicos da Unicamp. Atua, ainda, como coordenador do Núcleo de Estudos e Pesquisas Ambientais (Nepam/Unicamp) e pesquisador do doutorado em ambiente e sociedade, além de liderar o grupo de pesquisa do CNPq sediado no Núcleo de Estudos Estratégicos da Unicamp. Publicou mais de duzentos artigos científicos em revistas acadêmicas brasileiras e estrangeiras e também dezenas de livros, muitos deles no exterior. É um estudioso do patrimônio e membro do conselho editorial da revista *International Journal of Cultural Property*, assim como atuante na preservação digital.

Seu e-mail é ppfunari@uol.com.br.

SANDRA CÁSSIA ARAÚJO PELEGRINI é natural de São Paulo. Graduou-se em história na Universidade Estadual Paulista, obteve o mestrado em história e sociedade na mesma universidade e o doutorado em história social na Universidade de São Paulo. Desenvolveu os estudos de pós-doutorado na Unicamp sob a tutela do professor Pedro Paulo Funari. Como docente do Departamento de História da Universidade Estadual de Maringá (UEM), atua nos cursos de arquitetura e urbanismo e no ensino de graduação e mestrado em história. Trabalha em comissões municipais de cultura empenhadas na defesa do patrimônio cultural na região do norte do Paraná. Como uma das coordenadoras do Programa de Estudos e Pesquisas do Espaço Urbano da UEM e como pesquisadora do Núcleo de Estudos Estratégicos da Unicamp, tem aprofundado as reflexões em torno da memória e do patrimônio cultural. Publicou vários artigos científicos em revistas especializadas brasileiras e estrangeiras. Dentre as produções e coedições mais recentes, vale destacar: *A UNE nos anos 60. Utopias e práticas políticas no Brasil* (Londrina, Eduel, 1998); *História, espaço e meio ambiente* (Maringá, Anpuh Paraná, 2000); *Dimensões da imagem. Interfaces teóricas e metodológicas*; e *Narrativas da pós-modernidade na pesquisa histórica* (ambos publicados pela editora da UEM em 2005).

Seu e-mail é spelegrini@wnet.com.br.

Coleção **PASSO-A-PASSO**

Volumes recentes:

Ciências Sociais Passo-a-Passo

Sociologia do trabalho [39]
José Ricardo Ramalho e
Marco Aurélio Silva de Santana

O negócio do social [40],
Joana Angélica Barbosa Garcia

Origens da linguagem [41],
Bruna Franchetto e Yonne Leite

Antropologia da criança [57],
Clarice Cohn

Antropologia e imagem [68],
Andréa Barbosa e Edgar T. da Cunha

Antropologia da política [79],
Karina Kuschnir

Sociabilidade urbana [80],
Heitor Frúgoli Jr.

Pesquisando em arquivos [82],
Celso Castro

Cinema, televisão e história [86],
Mônica Almeida Kornis

Filosofia Passo-a-Passo

Estética [63], Kathrin H. Rosenfield

Filosofia da natureza [67],
Márcia Gonçalves

Hume [69], Leonardo S. Porto

Hannah Arendt [73],
Adriano Correia

Schelling [74], Leonardo Alves Vieira

Niilismo [77], Rossano Pecoraro

Kierkegaard [78], Jorge Miranda
de Almeida e Alvaro L.M. Valls

Filosofia da biologia [81],
Karla Chediak

Ontologia [83], Susana de Castro

John Stuart Mill & a liberdade [84],
Mauro Cardoso Simões

Filosofia da história [88],
Rossano Pecoraro

Teoria do conhecimento [91],
Alberto Oliva

Psicanálise Passo-a-Passo

Psicanálise com crianças [75],
Teresinha Costa

Feminino/masculino [76],
Maria Cristina Poli

Cinema, imagem e psicanálise [85],
Tania Rivera

Trauma [87],
Ana Maria Rudge

Édipo [89], Teresinha Costa

A psicose [90], Andréa M.C. Guerra

A angústia [92], Sonia Leite

Educação e psicanálise [93],
Rinaldo Voltolini

Os outros em Lacan [94],
Antonio Quinet

A paixão [95],
Marcus André Vieira

Histeria: o caso Dora [96],
Nadiá Paulo Ferreira e
Marcus Alexandre Motta